깡통소리

깡통소리

김형중 시조집

지난 이야기

 나는 중등교단에서 평교사와 관리자로 그 뒤 대학 강단에서 강사와 교수로 봉직하다가 2012년 8월에 정년을 맞이했다.

 전공인 국문학에 좀 더 가까이해 보려고 모색한 길이 글을 쓰는 작품 활동이었다. 90년대 말 무렵 『문예연구』를 통해 등단을 했다. 그러나 소질이 별로 없었고 감성이 무뎠기에 읽어주는 분들과의 교감이 늘 부족했음을 스스로 인정한다. 그래서 다시 에세이를 쓰겠다고 마음을 가다듬어 『수필시대』를 통해 에세이스트로 재탄생했다. 12년 동안 지난해 말까지 네 권의 에세이집을 발간했으니 그나마 덜 부끄러웠노라고 자족하려 든다. 미쳐 분수를 깨닫지 못하고 다시 욕심을 부려 2016년에 『국보문학』 문지에 세 편의 시조로 등단해서 8년째 접어드는 올해 75편의 작품을 묶어 『깡통소리』라는 제목으로 세상에 선을 보인다. 이제 40여 년의 긴 세월에 걸친 작가로서의 종착역이 아지랑이에 묻혀 천천히 다가오고 있다.

 저 먼 곳의 수평선처럼 21세기를 살아가는 사람

들은 삶의 눈높이를 상향조절하기 위해서일까? 신기루를 잡아보려는 욕망들이 넘치는 것 같다. 혼미한 정신으로 질주하는 삶의 대열에서 벗어나고파 글을 쓰기 시작했던 지난 세월이 그나마 위안의 순간들이었다. 인간답게 살아보려 고뇌하는 지성들은 견뎌내기 어려운 현실사회의 모순을 그대로 안고 살 수밖에 없지 않을까? 시대가 익어가고 사회가 반듯하게 성숙해지는 그날이 언젠가는 이 땅에 새롭게 꽃피워질 것이라고 믿는다.

  가깝다는 옆 사람에게도 뱉어내지 못할 고뇌로 때로는 자유분방하게 한편에선 우울하게 살아가는 젊은이들을 위해 지성인들의 메시지와 아티스트들의 손은 부지런히 놀림을 해야 되지 않을까 한다.

  첫 번째로 엮어낸 알량한 시조집이 문학적인 가치를 논하기보다는 지인들과 정감을 나누기 위한 징검다리라 생각하고 웃는 얼굴로 봐주신다면 고마울 따름이다.

  어떤 이들은 외롭게 반짝이는 밤하늘의 별들과의 대화로 하루를 정리한다고 하는데 나는 늦게서야 무소유를 노래했던 법정스님을 더 알고 싶다.

                    2023년 4월 어느 날
                    누군가를 그리워하면서

차례

지난 이야기

1장 칠십 년 세월

12　나그네
13　푸념
14　하소연
15　늙은이 되어
16　칠십 년 세월
17　꿈이여
18　사이시옷(ㅅ)과 사람 인(人) 字
19　소나무처럼
20　털고 일어서라
21　누구에게나
22　어찌할까요
23　망각(忘却)
24　이슬방울
25　아! 6·25여
26　은하수

2장 젖은 목소리

가을 편지　28
나이테　29
기다림　30
사는 게 다 그렇지　31
불청객　32
오일장 날　33
어머니의 모습　34
젖은 목소리　35
아버지의 일생　36
쪼그라든 꿈　37
노을　38
아! 당신이여　39
타향살이　40
고향 마을　41
이별　42

3장 삼천동 막걸리 촌

44 어느 가을에
45 그냥 그대로
46 흔들려서
47 소박한 그들의 꿈이
48 풀꽃
49 이제 와서
50 해질녘
51 세월의 능선
52 지족상락(知足常樂)
53 삼천동 막걸리 촌
54 육십령 고개
55 고속도로
56 내장산아
57 미륵사지 석탑
58 만경강 이야기

4장 스쳐간 인연

잊혀가는 이름들 60
흙먼지 휘날리던 61
정(情) 62
스쳐간 인연 63
그루터기 64
농부의 마음 65
겨울비 66
강물 따라 67
독백 68
눈이 내리면 69
추억의 노래 70
흔적 71
회포(懷抱) 72
그놈만 없었더라도 73
아! 소크라테스여 74

5장 어느 아버지의 이야기

76 이름으로 삼행시(三行詩)
77 숨결
78 그믐달처럼
79 뒤돌아보며
80 어느 아버지의 이야기
81 내일은
82 격포항
83 외기러기
84 잊고 살았네
85 당신뿐이랴
86 사연事緣
87 초록 빛깔
88 아린 가슴
89 향기(香氣)
90 깡통 소리

1장

칠십 년 세월

나그네

연분홍 빛 어우러진
철쭉에 마음은 훨훨
산을 향해 달려가는
설익은 달굼질에
콧노래 나그네 발길 산새들도 반기네.

해와 달을 벗삼으며
콧노래로 걸었건만
사는 게 미끄러워
그 또한 운명이라
낙엽이 휘날릴 쯤엔 쓸쓸하지 않을까.

푸념

현모양처 신사임당을
배꼽이 찾는다오
못난이의 투정으로
입술마저 메마르고
세상에 하소연할 곳 어디에도 없구나.

세상이 어지러워
검은 양심 날뛰는데
붉어진 눈 부릅뜨고
삿대질에 돈타령
저들의 머릿속에는 무엇들로 채웠나.

하소연

당신을 향한 마음
바가 오나 눈이 오나
속울음 달래가며
푸른 마음 변함없이
일생을 함께한 세월 후회 따윈 않겠소.

밤낮을 검은 입성*에
치행(癡行)*만 하다 보니
내 모습 보기 싫다
구박했던 당신에게
그래도 한마음으로 평생 동안 따랐소.

*그림자를 의인화한 작품이다.

*입성: '옷'을 속되게 이르는 말
*치행(癡行): 아주 못난 행동

늙은이 되어

가난했던 지난날
집념으로 움켜쥐고
시린 감정 달래며
무던히도 버텼건만
세월로 붙잡지 못한 속절없던 젊음아.

힘찬 걸음 뚜벅뚜벅
거친 파도 이리저리
소신으로 타고 넘어
인생을 읊조렸다
먼 훗날 늙은이 되어 가슴 열고 웃으려고.

칠십 년 세월

갈라선 칠십 년의
철책선 아픈 세월
멍든 가슴 달래가며
통곡을 질정질정
오늘도 그려져 가는 부모형제 얼굴들

그리운 서울 평양
꿈에서도 멀어지고
이별 아닌 이별로
가로지른 휴전선
뼈저린 생이별의 한 풀어질 날 오겠지.

꿈이여

험난한 가시밭길
상처의 흔적들이
아련한 꿈이 된 걸
더듬고 다듬는데
시위를 떠났던 촉이 미소 짓고 멈추네.

민둥산 바라보며
키워내던 소년의 꿈
지금은 퇴색되어
기억조차 가물가물
아직도 덜 깨어난 꿈 미련 두지 않으리.

사이시옷(ㅅ)과 사람 인(人) 字

모음 뒤에 따르는
친절한 중매쟁이
이름씨 그들끼리
우정을 나누라고
영리한 사이시옷이 떠받들고 있다네.

요즘처럼 못미더운
어지러운 세상에
넘어질까 두려워
맞대고 의지하는
다정한 사람 인ㅅ자 언제 봐도 든든해.

소나무처럼

폭풍우가 삼킬 듯이
세차게 불어와도
솔향기 머금고 선
노송으로 이름 붙여
오늘도 아침 햇살을 웃으면서 맞는다.

든든하게 자리잡은
동구 밖 소나무는
꿈길마다 함께하며
석양 노을 구름 타고
추억의 종소리처럼 내 고향을 알린다.

털고 일어서라

목적지를 찾지 못한
참신한 젊음들아
허공에서 뭘 찾을까
공상만 하지 말고
이제는 빗장을 열어
번뜩거려 보아라.

색 바랜 희망일랑
훌훌 털고 일어서야
가슴에다 새겨온
희망 노래 부를 텐데
젊은 날 휘청거리는 정신줄을 잡아라.

누구에게나

구름 뒤로 모습을
감추는 초승달처럼
세상이 싫다고
투덜대는 당신이여
기회는 누구에게나 한 번쯤은 온다네.

어릴 적 꿈에 젖어
그림만 그리지 말고
오늘이 끝 날처럼
땀흘리며 살다보면
세상은 누구에게나 어깨 펼 날 있으리

어찌할까요

한가위 둥근달을
먹구름이 가리는데
보고파 그리워도
서운한 맘 달래가며
그래도 기다려야지 내 힘으로 어쩌리

이 못난 마음은
왜 이리도 초라할까
가슴에 새겨진
추억은 생생하고
식어간 애달픈 마음 되돌릴 수 없으니.

망각(忘却)

달마다 줄어드는
뇌세포 숫자만큼
쌓여가는 걱정에
낡아지는 인생을
애달파 몸부림치는 강박에서 잊어라 .

슬펐던 기억들도
때가 되면 잊혀가는
편리한 게 뇌세포라
빈껍데기 바람 안고
무심히 살다가 보면 웃는 날도 오더라.

이슬방울

꽃망울 끝자락에
매달린 이슬방울
싱겁게 허물어진
스쳐간 인연처럼
태양이 오를 때까진 빗물처럼 멎어라.

아슬아슬 매달린
이슬방울 운명아
바람에 흔들릴 때
끝까지 버텨보면
간절한 그리움으로 그림되어 빛나리.

아! 6·25여

철부지 야욕으로
강산이 피바람 되어
가슴 찢는 총성은
삼 년여를 지옥으로
분노의 용기는 끝내 조국 강산 지켰네.

산골짜기 골곡마다
총탄이 울부짖는
음산한 산울림에
산화해 간 청춘들
한 많은 사연을 안고 들꽃으로 피었네.

조국의 부름 받아
사라져 간 형의 목숨
어머니의 가슴에
비수되어 꽂혔으니
무명의 가냘픈 생명 한스러운 육이오.

은하수

애틋한 사연 안고
다정하게 소곤대는
잔잔한 사랑놀이
눈웃음도 달콤한
저리도 초롱초롱한 사랑스런 모습이여.

무르익은 밤하늘이
가슴을 열어젖혀
어여쁜 초승달은
군졸들을 줄 세워
짙푸른 하늘에다가 하염없이 흩뿌렸네.

시리도록 푸른 하늘
상큼한 은하수여
얄미운 꽃바람이
새털구름 앞세워
다정한 대화 마당을 시샘하고 있다네.

2장

젖은 목소리

가을 편지

가을 소식 불러오는 샛노란 국화 향기
저 멀리 산기슭에 한가로운 가을 햇살
줄지은 은행나무들 추억으로 달린다.

발걸음도 알록달록 한 폭의 수채화라
화가들의 소재되고 시인의 글감되어
멀리 간 연인의 마음 아련하게 부르네.

나이테

기다리는 미덕을 잊어버린 세월아
해맑은 은하수처럼 늘 푸르면 어떨까
새큼한 라일락 향기 가슴에다 새기네.

지난날에 묻혀간 빛바랜 기억들은
세월의 흐름 타고 내 곁으로 다가서
서글픈 나이테되어 흔적으로 남는다.

기다림

폐부의 깊은 곳에 굵은 획으로 새겨진
잊고 지낸 시절인연 아스라이 되새기며
평생을 가슴에 담아 애만 타던 하얀 마음

세월을 넘어오는 무디어진 바람결에
그대 소식 가져올까 이마에 손을 얹어
석양아 잠깐이라도 머무르다 가주렴.

사는 게 다 그렇지

이런저런 사연을 낙엽에 묻어가며
속절없는 세월을 가슴으로 맞이해서
산자락 돌아가는 길 다정하게 가보세.

살다보면 벼라별 일 그리도 많던 것을
얼기설기 힘든 삶 꾹꾹 눌러 이겨내며
평생을 희로애락에 속으면서 살았지.

불청객

한해가 열려가는 이월부터 찾아온
불청객 코로나에 속 터지는 아우성
언제쯤 다시 찾을까 멀리 떠난 이웃을

부대끼며 산 세월 이 년이나 견뎌내고
의료진들의 고생을 필설로 다 할까
순박한 사람들 얼굴 시커멓게 타드네.

※2020년 초부터 찾아온 불청객 코로나19 이야기이다.

오일장 날

어머니 등처럼 포근했던 오일장 날
목구멍 풀칠하려는 넉살 좋은 아저씨
구수한 사람들 냄새 그렇게도 좋았네.

엄마 치마 붙잡고 징징대던 철부지
손에 쥔 눈깔사탕 아까워서 어찌 먹나.
초라한 시골 장터에 가을햇살 깃드네.

어머니의 모습

밭고랑 마디마디 새겨진 눈물 자국
허리 펴고 마주앉아 쉬는 날 있었던가.
남몰래 눈물 훔치던 어머니의 일평생

지난날 슬픈 기억 죄다 잊고 계시지요.
아프게 그려지는 어머니의 옛 모습에
이 아들 두 손을 모아 그리움을 곱씹네.

젖은 목소리

좁다란 골목길 온 동네 소독 연기
코흘리개 꼬마들 졸졸대며 소리 지르던
향긋한 휘발유 냄새 아련하게 그립네.

서쪽 하늘 빨갛게 물들어질 저녁 무렵
새끼 찾아 애타는 엄마의 젖은 목소리
그리워 너무 그리워 가슴 아픈 그리움.

아버지의 일생

지갑은 언제나 초겨울 날씨였기에
아버지는 오랜 세월 숯덩이 가슴으로
그래서 다문 입술은 열리지를 않았네.

아버지는 조용히 운명을 받아들이며
자녀들 사랑은 드러내지 않았지만
마지막 삶의 시간은 하얀 꽃을 피웠네.

쪼그라든 꿈

코 흘리던 풋내기 때 어른들이 물으면
언제나 당당하게 푸른 꿈을 얘기했건만
지금은 쪼그라들어 누런색이 되었구려.

철부지 멋모르던 학창 시절 푸르던 꿈
어느덧 퇴색해버린 낡은 벽 낙서되어
지금은 월급쟁이로 그리저리 살고 있네.

노을

휘날리던 오동잎이 지쳐서 멈춰선 듯
빈 하늘에 덩그러니 맥없이 걸려있네
초연한 석양 노을의 수평선은 변함없고.

어디론가 방향 따라 줄지은 기러기 떼
성질 급한 초승달은 물 위에 드리우고
아득한 바다 저편에 옛 생각이 머무네.

아! 당신이여

언제나 가까이서 마주하던 당신이건만
낯설어 허물없는 사이는 아니었지
어느 날 바라본 뒤태 옛날 모습 어디로

추상같은 부름에 무릎 꿇고 빌고 나면
부드러운 음성으로 달래주던 아버지
그날의 아련한 회포 새삼스레 아쉽네.

흘러간 육십 년 세월 엊그제 같은데
내 인생 늙어가니 떠오르는 그 이름
가끔은 찾아뵙는 곳 시든 잔디 서럽네.

타향살이

누군가는 고달파서 꿈길마다 찾는 그길
인연 따라 생업 찾아 떠돌던 젊은 날들
그리운 친구들 모습 가을비에 적시네.

바람마저 낯설던 천 리 타향 객지에서
그래도 살아야지 이웃을 혈연삼아
날마다 꿈에 그리던 그 옛날의 뒷동산

고향 마을

짙푸른 밤하늘의 둥근달 앞세우고
아득한 고향 길 시원스레 달려가네
흘러간 옛날 생각에 스쳐가는 이웃들

옛집에 찾아드니 낯선 사람 발자국에
하얀 이 드러내며 짖어대는 검둥이
마을이 잠든 시간에 보름달이 밝구나.

이별

떠나가는 사람은 미련을 돌아보고
보내는 사람은 아쉬움에 손 흔들며
슬픔에 저미는 가슴 울먹이며 달랜다.

떠나가는 사람은 추억을 그려 가고
보내는 사람은 그리움을 되씹으며
달빛에 실어 보내는 사연 얽힌 넋두리

3장

삼천동 막걸리 촌

어느 가을에

풀벌들 떼 창에 가을은 늙어가고
헐벗은 나뭇가지에 매달린 땅거미 떼
어둑한 소슬바람에 낡아지는 인생아.

한 톨의 홍시는 까치의 희망이 되고
어느덧 초겨울인가 정신이 오싹하네
내 벌써 가을을 비껴 여기까지 왔구나.

그냥 그대로

이런저런 핑계들이 얽혀질 때마다
자연에 가르침은 뒤통수를 때리고
버리고 싶은 욕심은 꼼짝 않고 서있네.

잡히지 않는 것을 억지로 가지려다
얼룩진 상처들은 자꾸만 깊어지고
밤마다 그냥 그대로 단어들만 되씹네.

흔들려서

색 바랜 책갈피가 누렇게 변해가도
스승의 음성은 머릿속에 맴돌지만
창공에 먹구름처럼 못다 버린 욕심아.

세차게 불어닥친 방향 잃은 흙바람
정신이 흔들대니 몸뚱이가 뒤뚱거려
세상사 어두운 유혹 이겨내기 힘드네.

소박한 그들의 꿈이

잠마저 줄여가며 땀 흘리는 사람들
태양도 내일은 그들에게 비추겠지.
가족을 향해 달리는 하루살이 인생아

혼자서 커가는 새끼들은 없더라.
가난한 부모 소원이 하늘에 다다르면
소박한 그들의 꿈도 이뤄지지 않을지.

풀꽃

기약 없는 내년이라 그래도 보내야지
이름 모를 한 떨기 풀꽃 고개를 떨구면서
한 해를 잘 살았다는 미소 짓는 그 얼굴.

사람들의 눈길 한 번 받아보지 못했지만
한해살이 잡초의 근성으로 잘 살았다네
세상을 원망 해대면 아쉬움은 덜할까

이제 와서

오랜 세월 안고 살던 묵향의 매력에
낡고 녹슨 손끝으로 그려내는 희열을
그 누가 알겠냐마는 이제 와서 즐기네.

한지를 적셔가는 글꼴에 몰두하면
가녀린 붓끝마다 어두웠던 눈 트여가고
설익은 솜씨를 담은 즐거움을 맛본다.

해질녘

해질녘 갈매기 떼 그리워서 찾아드나
석양에 뭉게구름 수채화로 물드는데
내일도 다시 보겠지 자연스런 저 풍경

아름다운 저녁노을 바람 불면 어떤가
때가 되니 구름떼도 급하게 흘러가는데
혼자서 가는 그믐달 미소 짓고 떠있네.

세월의 능선

여릿한 가지에서 곱게 피는 노란 꽃
어제가 오늘이련가 그리도 바쁘던 길
어느새 서릿발 내린 검은 머리 그 옛날

핏줄 그으며 살았던 지난날 엊그젠데
구름 따라 흘러가는 세월의 능선에서
주름살 위에 새겨진 석양 노을 향수여.

지족상락(知足常樂)

다섯 평 서재에 걸린 생명의 글씨
날마다 바라보지만 고개를 젓는다.
아직도 지족상락이 공허하게 들리네

빛바랜 희망일까 지족상락 넋두리
하얀 고독에다 묻으려도 해보았지
언젠가 이겨지겠지 못된 그놈 욕심을

상락을 모르는 놈이 지족까지 다다르랴
글귀는 좋다마는 다가가긴 쉽지 않고
어느 날 다가서는 때 웃는 그날 맞으리.

삼천동 막걸리 촌

외지사람 소문 듣고 찾아드는 막걸리 촌
씨름판 인생살이 고달픈 삶 달래려고
찌들은 뚝배기 잔에 하루 인생 달랜다.

왁자지껄 사람 소리 삼천동 막걸리 촌
땀 냄새 듬뿍듬뿍 이곳이 낙원이요
텁텁한 목구멍에다 생명수를 붓는다.

육십령 고개*

전라도와 경상도를 오고가는 고갯마루
사랑도 미움도 그 곳에서 익었더라.
질겼던 감정의 끈이 오래토록 이었네.

신라 백제 사람들의 끈끈한 정 스며든
이별이 서러워서 울고 넘던 사랑 고개
황혼녘 뭉게구름도 웅크리고 서있네.

*육십령 고개: 전북의 장수군 장계면과 경남함양군 서상면을 잇는 육십령 고개는 해발 734m의 높이로 고갯길의 굽이가 육십 굽이라 해서 붙여진 이름으로 옛날에는 영남지방에서 서해안으로 소금을 사러 다녔던 길이라서 소금길(솔트로드)이라고도 불리웠다고 한다.

고속도로

남북과 동서를 시원하게 뚫고 나간
아름다운 산천경개 그리도 좋구나.
오십을 훌쩍 넘어선 영혼담은 세월아.

산야를 스치면서 후련하게 달려가던
추억을 아로새긴 개그린 버스*여
이제는 북으로 뻗어 갈증을 풀어다오

*개그린 버스: 그레이 하운드는 버스에 개가 그려졌다 해서 세칭 개그린 버스라고 불렀다. 1973년 '중앙고속' 회사가 최초로 미국에서 수입해서 우리나라 고속도로에서 운행한 버스다.

내장산아

조선 팔경 소문난 서래봉에 오르면
옛 이야기 담아낸 발자국이 그윽하고
가을이 불타오르네 아름다운 내장산

사방에서 밀려드는 남녀노소 관광객들
단풍나무 오손도손 웃음이 넘쳐나네
가을을 곱게 단장한 여인 닮은 내장산

미륵사지 석탑

세계에서 가장 넓은 사찰 터로 알려져
이천십오 년 칠월에 유네스코 유산되어
새로운 왕관을 쓰고 천년을 더 빛내리.

지혜로운 서동과 단아했던 선화공주
백제의 혼백으로 살아온 동요 가사
소문을 타고 온 전설 옛이야기 되었네.

만경강 이야기

완주군 동상 사봉리 밤샘에서 발원해
네 개의 市郡을 지나 망해사로 흐르는
백만 골 만경강이란 젖줄이여 영원하리.

얼룩진 이야기들 세월에 싣고 흘러온
버거운 지난날을 되새김질 하는데
다정한 노부부 발길 웃음꽃이 넘치네.

4장

스쳐간 인연

잊혀가는 이름들

샘물처럼 솟아나는 속울음의 시간들
속도를 줄여가는 내 가슴에 눈물 되고
평생을 함께해가며 미소 짓던 인연아.

세월을 이기려다 멀어져간 그리움이
야금야금 잊혀가는 지인의 이름들
눈가에 주름살처럼 잔잔하게 쌓인다.

흙먼지 휘날리던

누구도 그랬던 육십 년 대 오르막 길
흙먼지 휘날리는 세찬 바람 맞으면서
희뿌연 고개를 향해 쉬지 않고 뛰었지

돌아보고 싶지 않은 울퉁불퉁 흔적들
학창 시절 가슴 깊이 새겨온 발버둥
혈기로 갈무리 해낸 보람찼던 그때여

정(情)

흔들리던 마음을 붙잡아준 당신께서
매서운 눈보라도 이기도록 가르쳤지
그날의 따뜻한 정을 잊을 수가 없었소.

폭풍우도 견뎌내며 꽃망울 피우도록
메마른 나뭇가지에 생명을 불어주던
당신의 오롯한 마음 진정으로 고맙소.

스쳐간 인연

날마다 숨을 쉬며 맺어진 사람들과
크고 작은 인연들을 하나둘 새겨보고
해맑은 미소 보이던 잊지 못할 그 모습.

남은 생의 인연을 어떻게 그려갈까
나락에서 헤매일 때 따뜻한 손 내밀던
당신의 부드러운 정 잊을 수가 없네요.

그루터기

지나간 아픔은 운명으로 체념하고
성녀의 가슴앓이 사랑처럼 드넓은
포근한 옹이가 되어 어우르고 산다네.

누군가의 욕심에 그루터기 운명되어
푸른 이끼 옹기종기 가슴으로 안아주며
바람이 안겨준 풀꽃 키워내며 웃는다.

농부의 마음

남녘 바람 맞으며 새싹들 돋아날 때
농부의 굴곡진 꿈 논밭에다 뿌려주면
부부의 푸른 내일이 시나브로 영근다.

새파랗게 물드는 가을하늘 너른 곳에
새털구름 너머에 지난 꿈 그려가리
내 인생 이리 살기에 부끄럽지 않구나.

겨울비

저 멀리 홀로 시멘트 기둥에 매달려
쓸쓸한 들녘을 안아주는 가로등을
겨울비 매정한 바람 속절없이 때리네.

치장을 벗어버린 앙상한 초목들을
사정없이 때려가는 찬바람 겨울비가
내 영혼 휘감아 돌아 여민 옷깃 적시네.

강물 따라

막힐 땐 돌아가고 패인 곳은 채워주는
어느 때나 상서로운 생명의 젖줄이여
붉게 탄 서녘 강물이 평화롭게 흐른다.

노을을 머금고 푸른 하늘 품에 안은
강물 속에 그려진 의연한 산 그림자
늠름한 그대 이름을 잊지 않고 살리라

독백

시인의 독백을 익혀 고독을 벗하리라
한 번쯤은 외로움을 즐겨보는 것도
어쩌면 멋있는 삶에 다가설 것 같더라.

꽃그늘 짙어가는 새벽바람 품에 안고
동쪽 하늘 밝은 빛이 언제나 함께하듯
까맣게 어두웠던 밤 한 겹 한 겹 벗기네.

눈이 내리면

매서운 한풍에 하얀 눈이 내리면
눈을 씻은 물로 마음을 걸레질하면서
지난날 힘든 기억들 차근차근 씻으리.

슬며시 비춘 햇살에 춤추는 눈꽃이여
그렇게 훨훨 날아 흔들림을 달래가는
언젠가 그리 되는 날 하늘에다 빌련다.

추억의 노래

계절이 지날 때면 천둥 번개 요란한데
그믐달 그림자에 출렁이는 나이테
세월을 더듬는 얼굴 간절하게 그립네.

집배원 소형차에 실려 온 시집 한 권
옛이야기 다정하게 푸념으로 펼치면서
지난날 당신의 모습 가슴에다 새기네.

흔적

세월의 검은 흔적 여기저기 그려지고
몇 번이고 지우려 이리저리 궁리했지
그래도 끔쩍도 않고 옹고집을 부리네.

상처가 흔적인가 흔적이 추억인가
시간이 가르친 것들 마음에다 새기고
옛날에 새겨두었던 아픈 상처 남았네.

회포(懷抱)

뭔가를 채우려고 골똘하던 사춘기에
허공에다 그리던 채색되지 못한 꿈
평생을 가슴에 담고 살아왔던 인생아

아픈 가슴 달래 줄 친구들이 그립다
힘들다는 넋두리가 혀끝을 맴돌 때
하루를 술잔에 풀어 그리움을 마신다.

그놈만 없었더라도

세상에 거울이란 그놈만 없었더라도
여성들 모두는 행복하게 살 테고
질투가 부른 비극은 일어나지 않겠지.

세상에 걱정이란 그놈만 없었더라도
내 삶의 주름살도 펴가면서 살 것을
동전의 양면을 지닌 세상살이 아닌가.

멍청한 고집불통 그놈만 없었더라도
통째로 막혀버린 불행의 늪을 지나
멀어진 푸른 대문을 두들겨나 볼 것을.

아! 소크라테스여

얼굴이 아테네에서 향기 짙은 남자로
가장 노릇 팽개친 말쟁이 소크라테스
소문난 크산티페가 성인으로 만들고

너 자신을 알라 했던 소크라테스여
그리 말한 당신은 남편으로 어쨌나
평생을 거리에서 산 그대 이름 대단해

5장

어느 아버지의 이야기

이름으로 삼행시(三行詩)

김제의 푸른 들녘 드넓은 마음으로
형식을 중요시한 시조를 가꾸면서
중원에 큰 뜻 펼치니 문우들이 따르네.

※이 작품은 전북대학 명예교수로 계시는 유응교 교수님께서 내가 김제에서 성장한 것을 아시고 이름 세 자를 화두로 해서 삼행시로 미화시켜 만든 작품이다. 따뜻하고 고마운 마음을 오랫동안 새기려고 여기에 게재했다.

숨결

해맑은 녹색 숨결
꽃바람에 젖어들어

비밀을 들킨 듯한
수줍은 소녀되어

중천에 걸린 초승달
수평선에 잠드네.

그믐달처럼

바다 물결 이리저리
흔들리다 지쳐갈 때

창공의 옆구리에
걸려 있는 그믐달이

웃고 간 하루살이의
일기장을 엿본다.

뒤돌아보며

사계절을 얼마쯤
보내고 난 이야기들

뒤섞인 세월 숫자로
하얀 꽃수를 놓았네

먼 훗날 뒤돌아보면
눈시울이 따갑겠지.

어느 아버지의 이야기

찬바람 시린 통증에
서럽고 억울해서

텔레비전 드라마에
혼자서 울다가도

자식들 자라는 모습
흐뭇해서 웃는다.

내일은

생각 따로 행동 따로
서먹했던 오늘아

그늘진 어제보다
푸른빛의 나날이면

내일은 즐거우리라
인생이란 시간이.

격포항

격포항 나루터에
슬피 우는 갈매기들

아득한 불빛 찾아
밀려가는 날갯짓

갈라진 목소리 내어
절규하는 상인들

외기러기

허공에 나부끼다
밟혀가는 낙엽 신세

처량한 저 모습이
가슴 아파 어찌하나.

짝 잃은 외기러기도
제 갈 길을 찾는데

잊고 살았네

새까맣게 타버린
가슴을 다문 채로.
떠나가신 어머님을
잊고 산 지난 세월
그나마 소슬바람이
불효자를 꾸짖네.

사십도 못 채우고
이승을 마감하신
천상의 아버님이
억울해서 어쩌나
이제야 더듬어보니
누런색의 흔적들.

당신뿐이랴

머릿속 어수선한
스산한 가을밤에

빈 가슴 하늘에 던진
어설픈 지난 얘기

이 세상 외로운 사람
어디 당신 뿐일까.

사연事緣

애절한 저 눈빛을
바로 보기 힘들어서

떠나보낸 어귀에서
서럽게 울먹이는데

어느덧 잠든 밤하늘
실구름이 손을 젓네.

초록 빛깔

봄비가 바람 타고
초록을 부르더니

예쁘게 다가오는
꽃망울 웃음소리

겨우내 잠자던 기운
산 능선을 넘는다.

아린 가슴

바람도 모를 사연
허공에 깊이 묻고
가사 장삼 회색 옷에
서럽게 눌러가는
가녀린 여승의 목탁 아린 가슴 때리네.

눈앞에 아른대던
속세의 인연들이
실바람에 젖어드는
여릿한 마음 기둥
덧없는 풍령 소리에 아린 가슴 씻기네.

향기(香氣)

새큼한 꽃향기는 떠난 여인 불러오고
구수한 사람 냄새
천리를 넘나드네.
따스한 말 한마디가
바람 타고 퍼질 때.

별처럼 아름다운 사람 냄새 그윽한
나누며 함께하는
시끌벅적 우리 동네
그들이 모여 사는 곳
무릉도원 따로 없네.

깡통 소리

채워진 깡통은 소리가 나지 않는 것을
당신만 지금까지 모르고 살았구려.
맹랑한 허튼 소리에 사람들은 웃더라.

문화·학술분야 활동 발자취

※ 문단 활동
1998년 《문예연구》 詩 등단
2010년 《수필시대》 수필 등단
2016년 《국보문학》 시조 등단

지난날의 문단활동
한국문예연구문학회 회장 / 한국농촌문학회 중앙회장
행촌수필문학회 회장 / 원광문인협회 부회장
전북문인협회 부회장 / 한국영농신문 논설위원

고정필진으로 참여
 ·한국문학신문 – 「조선시대 한시 작가론」 103회 연재
 ·전북일보 고정칼럼 필진 36회 (새벽메아리, 전북칼럼)
 ·새전북신문 고정칼럼 필진 36회 (아침발걸음. 월요아침)
 ·새전북신문 온누리 란 필진 36회

회원으로 활동
한국문인협회 / 전북문인협회 / 전북시인협회
전북수필문학회 / 행촌수필 / 교원문학회 등

한국문학신문 논설위원. 현)편집위원장
국보문학 자문위원 & 신인상 심사위원

새전북신문 논설고문. 전라시조문학회 회장

논문 & 저서
· 논문 - 「河西 김인후 연구」외 13편
(논문수록 - 2006. 9 學古房발행
"연암박지원의 思惟體系에 對한 反省的 考察"
숭실대학교 한국전통문예연구소 학술총서 8집에 게재
· 저서-전공서-애국계몽기의 신문연재소설. (2001)
· 편저-전공서-漢詩이야기 (2021)

익산문화재단에서 활동
· 오케스트라 기획위원 (2010. 1 ~ 2019. 4.)
· 選任 이사 (2015. 4. 21. ~ 2018. 4. 20)
· 예인열전(문학) 운영위원 (2018. 1~ 12)
· 스토리텔링(종교) 자문위원 (2019.4 ~ 12)

사회활동
· 태권도 국기원 공인 5단 (1976. 10)
· 전북지구 J.C 특우회 부회장 (1997년).
· 원광고(2001). & 익산초(2002) 초대 학운위원장
· 전북생활체육협의회 부회장(2006.1~2008.12)
· 원광대학교총동문회 부회장(20.21.22대)
· 원광대총동문회 15대 익산 지부장
· 학교법인 훈산학원 감사 (2016. 3.~ 2020.3)

- 원광대학교 교직원 징계위원 (2017. 3 ~ 2020. 3)
- 전라북도 국제교류센터 인사위원 (2017. 3 ~ 2018. 2)
- 전라북도 인재육성재단 사무국장-현) 전북평생교육장학진흥원 원장
- 20기 민주평화통일자문위원 상임위원
- 익산시체육회 고문 등

1. 표창
- 2007. 5. 대통령 표창 (2세 교육을 위한 헌신 공로).
- 2008. 10. 대한적십자사 총재 표창 (인간생명 보호 공로).
- 2015. 9. -자랑스러운 한국인 대상(교육부문봉사)
- 2016. 11. 전라북도지사 표창 (자원봉사 공로)
- 2019. 12. 대한민국 자원봉사대상 국무총리 표창
         (교육부문)
- 2020. 12. 제 36회 전북대상(사회봉사공로)

2. 공로패
- 1992. 8. 원광대학교 총장 (총동창회 발전 공로)
- 2009. 8. 학교법인 훈산학원 이사장 (교장퇴임)
- 2009. 8. 완주군수 (로울러 스케이팅 육성 공로)
- 2011. 5. 원광보건대학 총장 (장학금 유치 공로)
- 2011. 12. 원광보건대학 총장 (학교 발전 공로 표창)
- 2014. 4. 무궁화 야학교 감사패 (개교 40주년 기념)
- 2022. 12. 익산시체육회 (익산체육발전 공로) 등

에필로그

 등단한 지 8년째 접어들어서야 겨우 시조집 한 권을 만들어 낸다. 이리저리 엮어 세상에 내놓으려니 이게 '나란 사람의 시적 감성이었던가?' 하고 부끄럽다. 詩作에 대한 논리는 배워 알고 있지만 내 몸에 숨은 감성은 뿌리가 약한 것을 알면서도 작품집으로 엮어내고픈 욕심을 이겨내지 못했다.
 논리적으로 시의 언어는 일반 언어와는 다르게 표현되어야 한다. 즉 시적표현은 직유보다 한층 고급스러운 표현이 비유와 상징으로 치장하는 방법이다. 그래야 독자들에게 은근하면서도 아름다운 상상의 날갯짓을 펴갈 수 있게 한다. 그런데 왜 나는 그런 잠재력을 지니지 못했을까 하고 서운하다가도 애라 그냥 보이는 대로 꾸미지 말고 덜 상상하는 시인으로 평가받으면 편하리라 생각한 것이다.
 움츠리고 살았던 겨울을 훌쩍 밀어내버린 봄바람을 타고 온 새싹들이 오랜만에 활짝 웃었다. 숨어살던 초목들의 싱그러운 모습을 바라보면서 꽃향기에

심취해보는 4월이다. 티 에스 엘리엇이 말한 '잔인한 4월'은 아무리 생각해도 아닌 것 같다.

생명이 꿈틀대는 봄날에 구양수가 주장한 다독(多讀) 다작(多作) 다상량(多商量)의 三多를 습관으로 삼아보려 다짐한다.

김형중 시조집

깡통소리

인쇄 2023년 4월 13일
발행 2023년 4월 20일

지은이 김형중
발행인 서정환
펴낸곳 신아출판사
주소 전북 전주시 완산구 공북 1길 16(태평동 251-30)
전화 (063) 275-4000 · 0484
팩스 (063) 274-3131
이메일 sina321@hanmail.net
출판등록 제465-1984-000004호
인쇄·제본 신아출판사

저작권자 ⓒ 2023, 김형중
이 책의 저작권은 저자에게 있습니다. 서면에 의한 저자의 허락없이
내용의 일부를 인용하거나 발췌하는 것을 금합니다.
COPYRIGHT ⓒ 2023, by Kim Hyungjung
All right reserved including the rights of reproduction in whole or in part in any form.
저자와 협의, 인지는 생략합니다.
잘못된 책은 바꿔 드립니다.

ISBN 979-11-93055-19-9 03810
값 10,000원

Printed in KOREA